Hartmut Ellrich

August der Starke

Rhino Westentaschen-Bibliothek
Band 75

AUGUST II.

Hartmut Ellrich

August der Starke

1670–1733

Trotz gewissenhafter Bearbeitung kann eine Haftung für den Inhalt nicht übernommen werden. Für aktuelle Ergänzungen und Anregungen ist der Verlag jederzeit dankbar.
Wir bedanken uns bei allen, die uns unterstützt haben.

Fotos: Hartmut Ellrich, außer Seite 9: Anton Rafael Mengs, Real Academia de Bellas Artes de San Fernando; Seite 10/11, 27: Detroit Publishing Co., Detroit, Michigan; Seite 13 oben: aus „Saxonia – Museum für saechsische Vaterlandskunde“, Band 3, Pietzsch und Comp., Dresden 1837; Seite 13 unten, 15: David von Krafft (zugeschrieben), Schwedisches Nationalmuseum Stockholm; Seite 21: Louis de Silvestre; Seite 22: aus Bruno Krause „Die geschichtliche Entwickelung der königl. Haupt- und Residenzstadt Dresden“, Band 1, Dresden 1893, S. 112; Seite 24: aus Bruno Krause „Die geschichtliche Entwickelung der königl. Haupt- und Residenzstadt Dresden“, Band 2, Dresden 1893, S. 140; Seite 29: Werkstatt von Louis de Silvestre, Nationalmuseum Warschau; Seite 31: Matthiasrex, Maciej Szczepańczyk (CC-BY-SA 4.0 international); Seite 33: adomix (CC-BY-SA-3.0); Seite 36: PierreSelim (CC-BY-SA 3.0 nicht portiert); Seite 40: aus „Die Gartenlaube“, Leipzig 1899; Seite 41: aus „Saxonia – Museum für saechsische Vaterlandskunde“, Band 4, Pietzsch und Comp., Dresden 1839; Seite 43: Francois de Troy, Muzeum Kolekcji im. Jana Pawła II, Warschau; Seite 47: C. G. Nestler; Seite 48: Thomas Henkel Hen.th, (CC-BY-SA 2.0 de); Seite 56, 58: Jürgen Rosemann (CC-BY-SA 3.0); Seite 59: Linear77 (CC-BY-SA 3.0 nicht portiert); Seite 60: S. John, Elsterwerda (CC-BY-SA 4.0 international); Seite 62: Hejkal (CC-BY-SA 2.0); Seite 63: Johann Joachim Kretzschmar, The Jack and Belle Linsky Collection, 1982, Metropolitan Museum of Art, New York (CC-0 1.0); Seite 64: Viererblock, Mi.-Nr. 3241(II)–3244(II); Seite 66: aus „Versuch einer ausführlichen Erklärung des Post-Regals“, Jena 1747; Seite 67: X-Weinzar (CC-BY-SA 2.5); Seite 76: Kolossos (CC-BY-SA 3.0); Seite 79: J. C. Ulinger, aus „Jahrbuch der staatlichen Schlösser, Burgen und Gärten in Sachsen“, Band 11, Dresden 2004; Seite 80: Kolossos (CC-BY-SA 2.5); Seite 82: Guido Radig (CC-BY-SA 3.0 nicht portiert); Seite 84: Fritz-Gerald Schröder (CC-BY-SA 1.0); Seite 85: Szczeberzeszynski; Seite 86: Cybularny (CC-BY-SA 1.0); Seite 88: M.lodzermensch (CC-BY-SA 4.0 international); Seite 89: Matthiasrex Maciej Szczepańczyk (CC-BY-SA 3.0)

zu Abbildung Seite 2: Ausschnitt aus dem Fürstenzug in Dresden

Impressum

Am Hang 27, 98693 Ilmenau
Tel.: 03677 / 46628-0, Fax: 03677 / 46628-80
www.RhinoVerlag.de

Titelbild: Goldener Reiter in Dresden; Heribert Pohl (CC-BY-SA 2.0)
Layout, Satz: Verlag ***grünes herz***®
Schrift: Garamond
Titelgestaltung: Jana Rogge, Weimar

1. Auflage 2019
ISBN: 978-3-95560-075-4

Inhaltsverzeichnis

Seite

Einführung

Die Regierungszeit Augusts des Starken bildete ohne Zweifel einen Höhepunkt in der Geschichte des Hauses Wettin. August selbst gilt als bedeutendster wettinischer Herrscher der Barockzeit. Gemeinsam mit seinem einzigen legitimen Sohn Friedrich August II. prägte der sächsische Kurfürst und polnische König ein ganzes Zeitalter: das Augusteische! Es reichte von 1694 bis 1763. Der Monarch liebte schöne Frauen und die Künste. Seine körperliche Kraft brachte ihm sehr früh den Beinamen „der Starke" ein. Er brach nicht nur manch Frauenherz, er zerbrach ganze Hufeisen und verbog Münzen und Silberteller. Für das Ziel der polnischen Königskrone konvertierte er zum Katholizismus. Nicht ohne Grund geht der Blick des heroischen „Goldenen Reiters" in Richtung Polen. Doch in Sachen Politik bewies der Herrscher keine glückliche Hand, die Verbindung Sachsen-Polen war für beide Seiten wenig glücklich. Der große Nordische Krieg belastete das Land schwer. Die

Audienzstuhl Augusts des Starken im Dresdner Residenzschloss (Dehio-Ausstellung 2005)

großen Pläne blieben: vom Traum der Kaiserkrone, bis hin zu einem osteuropäischen Reich der Wettiner. Er schlug sogar die Teilung Polens vor – wie sollte er da zum Freund der Polen werden?

Schloßstraße mit Georgentor in Dresden

In Dresden öffnete August der Starke Museen wie das „Grüne Gewölbe" für die Öffentlichkeit. August war auf Außenwirkung bedacht und inszenierte sorgsam das eigene Bild in der Öffentlichkeit. Besucher wie Einheimische waren voll des Lobes. Das öffentliche Bild(nis) Augusts prägte Louis de Silvestre, der Hofmaler. Er schuf seit 1715 neben den Staatsporträts auch die kostbaren Deckengemälde der Repräsentationsräume des Residenzschlosses und des Zwingers.

A.R. Mengs: Louis de Silvestre

Silvestre war ein Künst ler Versailler Formats, der die französische Kunst in Dresden etablierte.

Tatsächlich strebte Sachsen nach Anerkennung und Aufstieg zu europäischer Größe. Und Größe und Macht manifestierte sich im Barock durch Architektur und Kunst, durch fulminante Feste, von denen jedermann sprach. Und tatsächlich durfte Dresden auf keiner Kavalierstour fehlen. Die Staatlichen Kunstsammlungen und nicht zuletzt die Staatlichen Schlösser und Gärten Sachsens profitieren heute von August dem Starken und dem Augusteischen Zeitalter: Zwinger, Moritzburg und Pillnitz, aber auch das sukzessive wieder erstehende Residenzschloss beleben den Tourismus im Freistaat aufs Außerordentlichste. Und ein weiterer Magnet trat 1995 hinzu: die wieder errichtete Dresdner Frauenkirche. Der Monarch hat die Fertigstellung der Kirche nicht mehr erlebt. Seine Stadt aber erhielt durch die Frauenkirche George Bährs (1666–1738) ein Bauwerk, das „zu den singulären Leistungen der Baukunst Europas“ gehört. Es ist symbolbeladener und stadtbildprägender Ausdruck des Selbstverständnisses der evangelischen Bürgerschaft Dresdens gegenüber dem zum Katholizismus konver-

tierten Landesherrn. Die Mischung von Architektur und Kunst ließ zu Beginn des 19. Jahrhunderts den Namen „Elbflorenz" aufkommen. Der Begriff, den Johann Gottfried Herder (1744–1803) maßgeblich prägte, verbindet sich im Besonderen mit August dem Starken, seinem Sohn und dem Augusteischen Zeitalter.

Augustusbrücke und Altstadt Dresden, um 1890

Kindheit und Jugend

Am Morgen des 12. Mai 1670 gegen neun Uhr erblickte Friedrich August, als jüngerer Sohn des sächsischen Kurprinzenpaares Johann Georg (III.) (1647–1691) und seiner Frau Anna Sophie (1647–1717), einer geborenen Dänenprinzessin, das Licht der Welt. Aus der Ehe beider waren zwei Söhne hervorgegangen: Johann Georg (1668–1694) und sein um zwei Jahre jüngerer Bruder Friedrich August. Der Großvater Friedrich Augusts Kurfürst Johann Georg II. (1647–1691) trat weniger politisch, als kulturell in Erscheinung. Er ließ den Großen Garten in Dresden anlegen, führte mitten im Dreißigjährigen Krieg einen verschwenderischen Hofstaat. Bei seinem Großvater verlebte der junge Prinz auch seine Kinderjahre. Sie müssen prägend gewesen sein, denn der Großvater hielt großzügig Hof, beschäftigte zeitweilig 300 Kammerherrn und Kammerjunker. Er und seine Frau Magdalena Sybille, liebten Musik, Architektur, Gärten und Festlichkeiten – Aspekte, die später auch im Leben des Kurfürst-Königs eine Rolle spielten. Zeitweise wurde August in Schloss Lichtenburg an der Elbe erzogen.

Der Vater: Kurfürst Johann Georg III. (1647–1691)

Mutter und Söhne: Anna Sophie mit Johann Georg (IV.) und August

Augusts Vater Johann Georg III. wirkte ab 1672 als Landvogt in der Oberlausitz, lebte zeitweilig in Bautzen und trat 1680 als Kurfürst von Sachsen die Nachfolge Johann Georgs II. an. Er galt als politisch zielstrebig, kaisertreu und charakterlich fest. Wegen seines Heldenmutes ging er als „sächsischer Mars" in die Geschichte ein, denn er half mit seinem neu geschaffenen stehenden Heer 1683 die Türken vor Wien zu vertreiben. 1684 errichtete er das Kriegsratskollegium, 1687 die Kadettenanstalt. Sein Augenmerk aber galt der Sicherung seiner Herrschaft gegenüber den albertinischen Nebenlinien, der Regierungsarbeit und der Förderung von Kunst und Kultur. Von seinem Naturell her galt er als lebenslustig und hielt sich Mätressen. Er und seine Frau waren zwar gleichalt, aber von ihrem Wesen her völlig gegensätzlich. Friedrich Augusts Mutter Anna Sophie war die älteste Tochter des Dänenkönigs Friedrich III. von Dänemark und Norwegen und dessen Frau Sophie Amalie, einer geborenen Prinzessin von Braunschweig und Lüneburg-Calenberg. Sie verfügte über eine hohe Bildung, sprach mehrere Sprachen. Neben Deutsch und Dänisch auch Französisch, Italienisch, Spanisch und Latein.

Zunächst wuchsen beide Brüder gemeinsam auf, doch waren sie eher gegensätzlich und stritten oft. Der Zweitgeborene hatte eine umfassende Ausbildung erhalten: Er lernte Französisch, Italienisch und Spanisch, wurde in Musik unterwiesen und von Wolf Caspar von Klengel (1630–1691) in Zeichnen, Militär- und Verteidigungswesen sowie Mathematik unterrichtet. Körperlich kräftig meisterte er sein umfangreiches Ausbildungsprogramm. Mit seiner Körpergröße von am Ende 1,76 Meter galt er als überdurchschnittlich groß.

Der ältere Bruder: Kurfürst Johann Georg IV. von Sachsen

Mit 15 Jahren erhielt er einen eigenen Hofmeister in Gestalt des westfälischen Adeligen Christian August von Haxthausen (1653–1696). Durch Haxthausen wurde August in Reiten, Fechten und Schießen unterrichtet. Im Alter von 16 Jahren hatte er sein erstes Liebesabenteuer mit der Hofdame Marie Elisabeth von Brockdorf, die daraufhin kurzzeitig vom Hof verbannt wurde. Mit Haxthausen begab er sich auch auf die Grand Tour, die ihn u. a. nach Paris und Versailles, Madrid, Lissabon und Italien führte.

Höhepunkt der Grand Tour: Schloss Versailles

Die Kavaliers- oder Grand Tour war eine Bildungsreise für junge Adelige, die an die großen Fürstenhöfe Europas, zu Stätten der Kunst- und Kultur und bisweilen auch ins Heilige Land führte. Sie schloss vor dem Eintritt ins Erwachsenenalter die Erziehung ab. Der Prinz war knapp zwei Jahre auf Reisen: von Mai 1687 bis April 1689. Über Wien und Prag kehrten sie nach Dresden zurück, denn die Reise musste aufgrund des Pfälzischen Erbfolgekrieges (1688–1697) vorzeitig abgebrochen werden. Haxthausen wurde nach Augusts Regierungsantritt 1694 dessen Oberkämmerer.

Im Alter von 20 Jahren erkrankte August an den Blattern (Pocken). Er überlebte, sein Bruder, der 1691 dem Vater als Kurfürst nachgefolgt war, erlag 1694 der tödlichen Krankheit. Die Liebe zu seiner Mätresse Sibylla Magdalena von Neitschütz (1675–1694) mag dem älteren Bruder zum Verhängnis geworden sein. Denn sie war vor Johann Georg an den Blattern erkrankt. Er habe sie geküsst und sich angesteckt, heißt es. Nach anderem Befinden könnte auch Gift eine Todesursache gewesen sein. Die Wahrheit liegt im Dunkel der Geschichte.

So kam August, der jüngere Bruder unverhofft an die Regierung. Als ihn die Todesnachricht erreichte, befand sich der Herzog von Sachsen, so seine bis dahin offizielle Titulatur, in Italien. Bei seinem Regierungsantritt war er ein junger Mann von 24 Jahren, unerfahren in den Regierungsgeschäften, jedoch voll Tatendrang. Der eigentliche Untertaneneid erfolgte am 21. Juli 1694 im Dresdner Residenzschloss, verbunden mit einem Gottesdienst und dreimaligem Läuten der Glocken. Daran schlossen sich Erbhuldigungen in Torgau, Wittenberg, Leipzig und Bautzen an. Mitte August 1694 befand sich Sachsens neuer und prägender Kurfürst(-König) im Regierungsalltag!

Zu Beginn seiner Herrschaft als Kurfürst ab April 1694 ließ August eine Silbermedaille prägen die neben seinem Bildnis rückseitig die Gestalt des „Hercules Saxonicus“ zeigt.

Silbermedaille – August als „Hercules Saxonicus“

Die Gestalt des Hercules galt im Barock als Inbegriff des perfekten Herrschers. Mit der selbstbewussten Geste wollte August von Beginn an im Kanon der Großmächte mitmischen, so wie die neue Großmacht Brandenburg, das Kurfürstentum Hannover oder das nach den Türkenkriegen erstarkte Habsburg. Der Griff nach der polnischen

Königskrone schien möglich. Nach Russland war Polen seinerzeit Europas zweitgrößte Landmacht. Im Heiligen Römischen Reich stand Sachsen an vierter Stelle der größten Territorialstaaten. Mehr noch: In der Riege der Kurfürsten hatte August von Beginn an eine herausragende Stellung, die sich auch in einer besonderen Nähe zum Kaiserhaus niederschlug. August war Reichsvikar, also derjenige Vertreter des Kaisers, der im Falle eines Interregnums, also einer Übergangsregierung zwischen Tod und Wahl des Kaisers die Geschäfte fortführte. Er teilte sich dieses Amt mit den Kurfürsten von der Pfalz – die Sachsen für das Gebiet sächsischen, die Pfälzer für das Gebiet fränkischen Rechts. Im Verband des Reichsheeres kämpfte August im Pfälzischen Erbfolgekrieg 1689 bis 1691 gegen die Franzosen am Oberrhein.

1693 war August mit Christiane Eberhardine von Brandenburg-Bayreuth die Ehe eingegangen, aus der der einzige leibliche Sohn und Nachfolger Friedrich August (II.) hervorging. Nirgends sind die Reize der künftigen Kurfürstin besser beschrie-

---

Die Ehefrau Christiane Eberhardine von Brandenburg-Bayreuth (1671-1727)

Kurfürst Friedrich August II. (1696–1763)

ben, als bei Karl Ludwig von Pöllnitz, dessen Buch „Verschwenderischer Liebhaber“, – ein Bestseller des Hochbarock mit allen zeittypischen Übertreibungen war. „Sie war aber auch bewundernswert, diese Prinzessin von Bayreuth. Ihre Haut war weiß wie Schnee, ihre blonden Augen standen ihr sehr

gut, sie war gut gebaut und bot viele Annehmlichkeiten, die einen Mann reizen konnten." Ihren Charakter beschrieb er als sittsam-bescheiden und da er sie jünger machte, als sie war, gleich noch als ernsthaft und humorlos! Die Hochzeitsfeierlichkeiten in Bayreuth zogen sich über vier Wochen hin, danach zogen beide in Dresden ein. Hier blieb die Prinzessin allein zurück, denn ihr Mann nahm mit seinem Bruder an einem Waffengang gegen Ratzeburg teil.
Der Kurfürst starb im April 1694 und August wurde Mitte desselben Jahres dessen Nachfolger.

Im November 1694 ließ August den Landtag einberufen und erklärte die lutherische Lehre zu bewahren, die Justiz zu schützen und die Treue zum Kaiser und Reich zu wahren. Er forderte im Gegenzug volle Steuerbewilligungen für sechs Jahre. Die Verhandlungen zogen sich bis zum Frühjahr 1695 hin und zeigten den Ständen einen entschlossenen Herrscher, der seinerseits zunächst eine Bewilligung von 200.000 Gulden für zwei Jahre erhielt. Nicht bewilligt wurden die Verstärkung des Militärs und die Einführung der Konsumtionsakzise, ein Binnenzoll, der die direkten Steuerprivilegien umgehen sollte. Als August für die polnische Königskrone 1697 zum Katholizismus übertrat, war die Sorge insbesondere des Adels und der evangelischen Kirchenvertreter groß. Beide fürchteten, dass ein starker katholischer Landesherr ihnen die Rechte und freie Religionsausübung wieder nehmen könnte. Im Gegensatz dazu behielt der Landesherr den ev.-luth. Hofgottesdienst in der Sophienkirche und der Schlosskapelle bei.

Die alte evangelische Schlosskapelle in Dresden

Der katholische Gottesdienst fand zu Beginn im Audienzsaal des Residenzschlosses und der Moritzburger Schlosskapelle statt. Um die Macht des Adels und der Stände zurückzudrängen und den Absolutismus durchzusetzen, schuf der Monarch 1706 mit dem Geheimen Kollegium eine zentrale Instanz für die Befugnisse der Exekutive. Durch ständige Erweiterungen entwickelte sich das Geheime Kollegium zur obersten Zentralbehörde in Sachsen. An der Spitze stand ein Kammerpräsident. Ein Bergratskollegium und der Geheime Kriegsrat traten hinzu. Die das erarbeitete einheitliche Gesetzeswerk" trat 1728 in Gestalt des „Codex Augusteus" in Kraft. All diese Mechanismen schwächten die Macht des Adels oder drängten ihn zurück. Die Generalkonsumtionsakzise hatte er 1703 mitsamt der neuen obersten Steuerbehörde eingeführt. So gelang es August indirekte Steuern zu erheben und dabei die Stände zu umgehen, die die direkten Steuern bewilligen mussten. Während seiner Zeit in Polen ernannte August den schwäbischen Reichsfürsten Anton Egon von Fürstenberg-Heiligenberg (1656–1716) zum Statthalter in Sachsen. Der katholische Reichsfürst war auf

Empfehlung nach Sachsen gekommen. Durch ihn erhofften die Vertreter der sächsischen Katholiken ein Wiedererstarken des Katholizismus in Sachsen.

Mit dem Übertritt zum Katholizismus 1697 und dem polnischen Kronprojekt hatte sich Augusts Ehefrau Christiane Eberhardine von August abgewandt, ja sie verließ Dresden und residierte bis zu ihrem Tod in Schloss Pretzsch. Die Geburt des einzigen Sohnes hatte auf sich warten lassen. Friedrich August (II.) wurde erst dreieinhalb Jahre nach der Eheschließung am 17. Oktober 1696 in Dresden geboren. Seine Erziehung erfolgte im Schloss Lichtenburg bei Torgau, wo die Kurfürstinmutter Anna Sophie seit 1691 lebte. Sowohl die Kurfürstin, als auch ihre Schwiegermutter verfügten über einen eigenen Hofstaat. Christiane Eberhardine und Anna Sophie lehnten den Übertritt des Thronfolgers zum Katholizismus ab, konnten aber nicht verhindern, dass August der Starke eingriff und den Kurprinzen 1711 auf eine mehrjährige Grand Tour steckte. 1712 wurde auch er ebenfalls katholisch. Bekannt gegeben wurde der Glaubensübetritt jedoch erst 1717 in Wien! Wichtig für Sachsen war der Empfang des Kurprinzen 1714 in Fontainebleau durch König Ludwig XIV., wörtlich festgehalten von keiner geringeren als Liselotte von der Pfalz, der Schwägerin des Sonnenkönigs. Sie schrieb: „Der Prinz drat herzu mitt recht hohen und gutten Minen undt machte dem König [...] sein compliment, hatt gleich dess Könnigh und gantzen Hoffs aprobation dadurch erworben." Bildlich hielt Louis de Silvestre die Szene fest. Ihn hatte der Kurprinz 1714 für den sächsi-

Residenzschloss Dresden, Stallhof und Langer Gang, um 1890

schen Hof verpflichtet. Überhaupt waren Vater und Sohn eifrige Sammler und Förderer der schönen Künste. Die systematische Organisation dafür schuf August der Starke. Bereits 1707 hatte er die besten Gemälde aus der Kunstkammer entfernt und in einem eigenen Raum des Residenzschlosses untergebracht – gleichsam die Geburtsstunde der Gemäldegalerie. 1718 gelangten sie in den Redouten- und 1726 in den Riesensaal und die angrenzenden Räume.

Den seinerzeit modernen Grundsätzen folgen die Staatlichen Kunstsammlungen zu Dresden bis heute: Antikensammlung, Kupferstichkabinett, Münzkabinett und Physikalisch-Mathematischer Salon. Aus der 1705 gegründeten Malerschule ging die Dresdner Kunstakademie hervor.

Sächsische Machtentfaltung und Griff nach der Königskrone

Im Absolutismus wurde Macht in jeglicher Form zur Schau gestellt und Herrschaft aufs Brillanteste inszeniert. Das Staatsporträt gehörte dabei

Louis de Silvestre: August der Starke, nach 1718

genauso dazu, wie die Skulptur. Zahlreiche Porträts und Denkmäler künden noch heute von der überragenden Gestalt Augusts des Starken. Dem Maler Louis de Silvestre (1675–1760) gelang dabei etwas Außerordentliches: „eine meisterhafte Verschmelzung des repräsentativen Herrschertypus' mit der charakteristischen, einmaligen Persönlichkeit“ (Erna von Watzdorf). Silvestres Gemälde überliefern heute in der Mehrzahl die Erscheinung Augusts des Starken. Die bekanntesten hängen in der Gemäldegalerie Alte Meister und im Warschauer Königsschloss und zeigen den Monarchen in lebensgroßer Gestalt mit den Insignien seiner Herrschaft: Thron sowie sächsisches Kurschwert und polnische Kroninsignien. Als das Gemälde 1718 entstand, war August bereits gewählter polnischer König und so trägt er selbstbewusst den polnischen Orden des Weißen Adlers. 13 Jahre zuvor hatte er ihn nach dem Vorbild des preußischen Schwarzen Adlerordens gestiftet.

Stern der kgl. Rubingarnitur des Weißen Adlerordens Augusts des Starken

Der Tod des polnischen Königs Jan III. Sobieskis im Juni 1696 eröffnete August die Möglichkeit des polnischen Thronerwerbs. Der polnische König galt als einer der reichsten Herrscher Europas und hinterließ ein reiches Erbe. Anders als im Heiligen Römischen Reich herrschte in Polen eine Wahlmonarchie mit einem starken Adel. Der hatte de facto auch die Macht im Staat.

August wollte die Krone, doch deren Erwerb war teuer. Es galt Parteigänger zu bestechen oder zu gewinnen, weswegen Land und Juwelen in größerem Stil veräußert werden mussten.

In aller Stille war August zum Katholizismus konvertiert. Als hilfreich hatte sich ein Vetter des Kurfürsten erwiesen, ein Verwandter aus Sachsen-Weißenfels, der nunmehr als Bischof von Raab (ungar. Győr) wirkte und August am 1. Juni 1697 in Baden bei Wien in die römisch katholische Kirche aufnahm. Der heimlichen Aufnahme durch Kardinal Christian August von Sachsen-Zeitz (1666–1725) folgte die öffentliche Aufnahme in

---

Kronentor des Dresdner Zwingers mit polnischer Königskrone

Deutsch-Piekar in Oberschlesien, wo der Kurfürst vor seinem Großcousin auch das apostolische Glaubensbekenntnis ablegte. August strebte mit der polnischen Königswürde den Aufstieg seines Hauses in das Konzert der europäischen Mächte auf einer Stufe mit Habsburg an.

Die Fäden sponn insgeheim Jakob Heinrich Graf von Flemming. August hatte ihn, der mit einer Polin verheiratet war und über ein großes verwandtschaftliches Netz in Polen verfügte, zum Statthalter in Warschau ernannt. Flemming gelang es durch zahlreiche Kandidaten die Situation so zu beeinflussen, dass sie am Ende zersplittert und ausweglos erschien. Letztlich waren 39 Millionen Reichstaler nötig, um die wahlberechtigten Adeligen für August einzunehmen. Doch es blieb ein spannendes Kopf-an-Kopf-Rennen mit dem französischen Kandidaten Francois Louis de Bourbon, Prinz von Conti. Am Ende rief der Kardinalprimas den Franzosen, der Bischof von Kujawien, August zum König aus. Während sich Prinz Conti noch in Frankreich befand, marschierte August in Polen ein und schuf vollendete Tatsachen. Er drang in die Schatzkammer ein und beschlagnahmte Krone und Zepter – die Insignien der Macht. Zudem ließ er ein Mandat veröffentlichen, indem er erklären ließ, dass er durch sonderbare Göttliche Schickung zum König von Polen erwählt worden sei.

Die Freude über die neue Krone währte nicht lange, denn bereits 1698 trafen Zar Peter I. von Russland und August in Rava bei Lemberg zusammen, um ein Bündnis gegen Schweden und dessen Vormachtstellung im Ostseeraum zu schmieden. Grund: Russland wollte einen Zugang zur Ostsee und hatte die beträchtliche Wirtschaftskraft der Sachsen im Blick, August seinerseits die Stärkung seiner Machtposition in Polen. Er wollte das Wahlkönigtum in eine Erbmonarchie verwandeln und sich durch die Rückeroberung des einst polnischen Livland Eindruck beim polnischen Adel verschaffen. Der livländische Adel litt unter den schwedischen Reduktionen, bei denen ein Teil des adeligen Landbesitzes an die schwedische Krone übergegangen war. So bildete sich 1699 eine Koalition Sachsen-Polen, Dänemark-Norwegen und Russland gegen Schweden. Parallel war Sachsen

unter anderem in den Spanischen Erbfolgekrieg verstrickt. Am 12. Februar 1700 brach der Große Nordische Krieg aus. Doch allein für den Spanischen Erbfolgekrieg entsandte Sachsen 8.000 Soldaten an den Kaiser und brachte sich auf dem Hauptkriegsschauplatz des Nordischen Krieges in finanzielle, wirtschaftliche und militärische Schwierigkeiten. 1706 mündete Augusts Kriegsteilnahme in ein Desaster. Im Frieden von Altranstädt verlor er seine teuer erkaufte Königskrone, Polen und Litauen und musste den 1704 von den Schweden eingesetzten Gegenkönig Stanislaus Leszczynski anerkennen. Damit nicht genug. Das unbeteiligte Sachsen wurde über ein Jahr von den Schweden besetzt und ausgeplündert. Die Kosten beliefen sich auf 35 Millionen Reichstaler. In der Schlacht bei Poltawa 1709 erlitt die schwedische Armee unter Karl XII. eine vernichtende Niederlage. Erst jetzt gelang es August die polnische Krone erneut an sich zu bringen und 1710 in Warschau einzumarschieren. Der endgültige Friedensvertrag zwischen Schweden und Polen folgte

---

Place Stanislas in Nancy mit Denkmal für Stanislaus Leszczynski

1719. Trotz der Anerkennung Augusts des Starken als König durfte Stanislaus Leszczynski den polnischen Königstitel weiterführen.

1836 bilanzierte der sächsische Historiker Carl Wilhelm Böttiger: „Unter den vier Kronen, welche damals binnen 20 Jahren vier deutsche Fürsten erwarben, war die polnische die unruhigste und segensloseste, die preußische die Folgenreichste, die britische die glänzendste, die schwedische die machtloseste." Doch wer ahnte das 1696/97? Fazit: Sieger des Nordischen Krieges waren Preußen und Russland, Sachsen-Polen hatte keinerlei Territorialgewinne zu verzeichnen. Fortan überwogen die Wege der Geheimdiplomatie und die Festigung dynastischer Verbindungen, wie der Hochzeit des Thronfolgers mit Kaisertochter Maria Josepha 1719.

Augusts Mätressen

Ehen im Absolutismus waren gestiftete Verbindungen: Macht zu Macht, Geld zu Geld, Vermehrung des politischen Einflusses. Liebe war zweitrangig und es war ein Glück, wenn sie eintrat –

nicht so bei August dem Starken, dem zahlreiche Liebschaften nachgesagt werden. Grund genug, die einflussreichsten hier kurz vorzustellen.
„Das sächsische Frauenzimmer übetrifft noch die Engländerinnen an Wuchs und Schönheit. Es hat die Freiheit der Französinnen und das Feuer der Italienerinnen. In dem schmeichelhaften und zärtlichen Wesen aber geht es allem vor" bemerkte 1718 der preußische Regierungsbeamte Johann Michael von Loen über den sächsischen Hof. Zu Augusts Mätressen zählten Gräfin Aurora von Königsmark, Fürstin Ursula Katharina von Lubomirska, die Türkin Fatima und vor allem Anna Constanze Reichsgräfin von Cosel. Acht der Kinder dieser Beziehungen hatte August legitimiert, darunter seine Lieblingstochter Anna Catherina Gräfin von Orczelska. Ins Reich der Legende gehören indes die 354 Kinder, die ihm Markgräfin Wilhelmine von Bayreuth, Schwester Friedrichs des Großen andichtete.

Unbestritten ist der Ruf, die dem sächsischen Casanova vorauseilte. Bereits mit 18 Jahren hatte er auf der Grand Tour die Gunst der Stunde genutzt, um in Madrid die verheiratete Marquesa de Manzera zu verführen. Der gehörnte Ehemann ließ eine Mörderbande auf den Prinzen hetzen, doch August hatte Glück und überlebte! 1693 heiratete er Prinzessin Christiane Eberhardine von Brandenburg-Bayreuth (1671–1727). Wie so oft war die Ehe arrangiert und August nicht die erste Wahl der Schwiegereltern. Sein flatterhafter Ruf war ihm vorausgeeilt und auch im kleinen Bayreuth war man sensibilisiert. Vier Briefe schickte August

Aurora Gräfin von Königsmarck (1662–1728)

seiner nachmaligen Ehefrau, alle blieben unbeantwortet. Als sich zwei vermeintlich bessere Partien zerschlugen, wurde der August der Starke 1692 in Bayreuth hoffähig, galt es doch die 21-jährige Markgrafentochter schleunigst unter die Haube zu bringen. Beide waren Cousin und Cousine zweiten Grades, die Eheschließung sollte die familiären Bande zwischen Sachsen und Brandenburg-Preußen festigen. Zu diesem Zeitpunkt hatte August bereits seine erste Mätresse und eiferte auch darin dem großen Vorbild Ludwig XIV. in Versailles trefflich nach. 1694 fand die Beziehung zu dieser ersten Geliebten Anna Eleonore von Kessel ein jähes Ende, als Gräfin Maria Aurora von Königsmarck (1662–1728) und August auf einem Moritzburger Hoffest ihre Liebe füreinander entdeckten.

Auroras Sohn Moritz von Sachsen (1696–1750)

Aurora vereinte Schönheit und Bildung miteinander und hatte zahlreiche fürstliche Verehrer. Aus ihrer Verbindung mit August ging der gemeinsame Sohn Hermann Moritz Graf von Sachsen (1696–1750), der nachmalige Marschall von Sachsen hervor. Aurora wurde im Jahr 1700 Pröpstin des Reichsstiftes Quedlinburg. Moritz, der als Wunderkind galt, diente ab 1720 in der französischen Armee, war beliebt wegen seiner Menschlichkeit und Tugendhaftigkeit. Er wurde zu Lebzeiten zum Mythos und starb 1750 in Schloss Chambord, das ihm der König auf Lebzeiten überlassen hatte.

Von 1696 bis 1699 buhlte Maximiliane Gräfin Hiserle von Chodau nachmalige von Oppersdorf (um 1676/77–1738) um die Gunst Augusts. Beide hatten sich auf einem Wiener Hofball kennen gelernt. Am Dresdner Hof war sie von Beginn an unbeliebt. Maximiliane stürzte 1699 über Intrigen am polnischen Hof und wurde zur unerwünschten Person mit sofortiger Ausreise erklärt.

F. de Troy: Gräfin Cosel und Sohn als Cupido, 1712

Noch während ihrer Zeit am Warschauer Hof wurde August von Seiten des polnischen Adels eine polnische Geliebte in Gestalt von Ursula Katharina von Altenbocklum (1680–1743), Ehefrau des polnischen Kronoberkämmerers Jan Dominik Lubomirski, „zugespielt". Aus dieser Verbindung ging Johann Georg Chevalier de Saxe (1704–1774) hervor. Seine Mutter erhob August 1704 zur Reichsfürstin von Teschen. Noch während dieser Beziehung holte August Anna Constantia von

---

Taschenbergpalais Dresden

Hoym, geborene von Brockdorff (1680–1765) an den Hof.

Die Ehefrau des Direktors des sächsischen Generalakzise-Kollegiums Adolph Magnus von Hoym und August wurden ein Paar, noch ehe sie 1706 von Hoym geschieden war. 1705 hatte Anna Constantia August ein Eheversprechen abgenötigt, das sie im Falle des Todes der Kurfürstin Christiane Eberhardine zur morganatisch (nicht standesgemäßen) angetrauten zweiten Ehefrau machen

sollte! Außerdem wurde ihr Schloss Pillnitz nebst einer jährlichen Pension von 100.000 Reichstalern zuerkannt. 1706 wurde sie zur Reichsgräfin von Cosel erhoben und bezog im umgebauten Türkischen Haus, dem Mittelbau des heutigen Taschenbergpalais standesgemäße Räume in unmittelbarer Nachbarschaft des Schlosses.

Die Ehefrau Augusts des Starken lebte da schon längst auf Schloss Pretzsch (heute ein Teil von Bad Schmiedeberg). Der Reichsgräfin Cosels politisches Interesse wurde ihr zum Verhängnis. Nicht nur, dass sie sächsische Dokumente an den kaiserlichen Gesandten übergab. Sie als Protestantin war strikt gegen Augusts politische Ambitionen, die im Nordischen Krieg verlorene polnische Königskrone zurück zu erringen. Dabei setzte August einmal mehr auf die Diplomatie der Frauen und wählte mit Gräfin Maria Magdalena von Dönhoff eine polnische Adelige als neue Favoritin. Anna Constantia, die drei Kinder mit August hatte, sah dies als Provokation. Es half nichts, 1713 wurde sie nach Pillnitz verbannt. Doch es gab ja den in Berlin verwahrten Ehevertrag. 1715 versuchte sie in den Besitz dieses Dokuments zu gelangen, verließ dafür

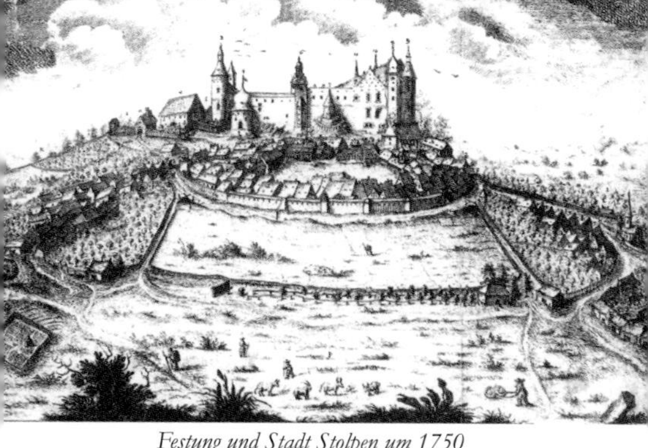

Festung und Stadt Stolpen um 1750

Pillnitz und wurde in Halle an der Saale verhaftet. Ihre Fahrt galt als Flucht.

August verbannte sie 1716 auf die Burg Stolpen. Hier hielt sie sogar Hof, ihr Vermögen und ihre Güter wurden ihr belassen und ihre Kinder am Dresdner Hof erzogen. Als man 1743 ihre Internierung aufhob, blieb sie in Stolpen, letztlich 49 Jahre ihres Lebens. In den Johannisturm zog sie erst, als das für sie umgebaute Zeughaus durch Blitzschlag zerstört worden war. 1765 starb Anna

Burg Stolpen – Johannis- oder Coselturm

Constantia von Cosel im Alter von 84 Jahren auf Burg Stolpen. Sie war ohne jeden Zweifel Sachsens berühmteste Mätresse.
Bis 1722 war August mit sechs weiteren Frauen liiert. Eine besondere Rolle spielte Maria Aurora, genannt Fatima. Sie gelangte 1694 im Rahmen der Türkenkriege als junges Mädchen an den Dresdner Hof, wo sie bei Aurora von Königsmarck aufwuchs. Hier lernte sie August kennen und lieben. Beide hatten wohl zwischen 1701 und 1706 eine heimliche Affäre aus der zwei Kinder hervorgingen: Friedrich August (1702–1764) und Maria Anna Katharina (1706–1746). Die Kinder wurden 1724 von August dem Starken legitimiert.

Ein Zitat aus dem Jahr 1722 beschreibt trefflich die Amouren Augusts. Sein Vertrauter Jakob Heinrich Graf von Flemming bemerkte seinerzeit, dass Augusts größtes Vergnügen wohl die Liebe war, doch er wohl nicht so viel Spaß an ihr fand, wie er anderen glauben machen wollte. Er habe geliebt, um Aufmerksamkeit zu erregen. Dies ist ihm mehr als gelungen!

August der Starke und das höfische Fest

Wichtig für die Inszenierung von Macht war das höfische Fest, mit dem der Kurfürstenhof den sächsischen Adel und die zahlreichen Gäste zu beeindrucken suchte.

„Hier ziehen Reiter oder Tänzer durch die Straßen, kostbar geschmückt oder seltsam vermummt [...] Götter steigen hernieder und schlingen einen wunderbaren Reigen, Fontänen sprudeln aus dem Boden und Kaskaden von den Wänden, zwischen Gartenhecken tanzen Schäfer und Nymphen." So mag es den Schilderungen aus Richard Alwyns Großem Welttheater 1728 auch beim **Dresdner Karneval** zugegangen sein, als der Preußenkönig Friedrich Wilhelm I. und sein 16-jähriger Sohn

Kronprinz Friedrich Dresden besuchten. Über vier Wochen hinweg bot August der Starke alles auf, was barocke Inszenierungskunst und höfische Machtdemonstration vermochte. Der Soldatenkönig befand sich 1728 in einer Krise, plante ernstlich sich nach (Königs-)Wusterhausen zurückzuziehen und bereitete Instruktionen für den Thronfolger vor. Sowohl der kaiserliche Gesandte Friedrich Wilhelm von Seckendorff als auch Soldatenkönig Friedrich Wilhelms engster Berater Friedrich Wilhelm von Grumbkow versuchten den Monarchen zu zerstreuen. Dies geschah nicht ohne Eigennutz, den Seckendorff war an der Loyalität Brandenburg-Preußens zum Kaiserhaus in Wien und Grumbkow an der Beibehaltung seiner Stellung als Generalkriegskommissar und Mitglied des Geheimen Staatsrates gelegen. Auch entstand

Der Dresdner Zwinger

der Plan, Prinzessin Wilhelmine von Preußen mit August dem Starken zu verheiraten, nachdem die Kurfürstin 1727 in Pretzsch verstorben war. Genügend Gründe für eine Reise und eine Einladung war bereits zu früherer Zeit ergangen.
Tatsächlich fuhr der pietistisch-strenge Preußenherrscher zunächst ohne seinen Sohn nach Dresden, der Kronprinz durfte schließlich nachkommen. Auch wenn Wilhelmine sicher maßlos übertrieb, nie selbst vor Ort war, so lieferte sie doch ein interessantes Zustandsbild der Zeit als sie schrieb: „Der Hof dieses Fürsten wars damals der glänzendste in Deutschland. Die Pracht grenzte an das Uebertriebene, alle Vergnügen herrschten dort, man konnte ihn mit Recht die Insel der Cythere nennen, denn die Frauen waren sehr liebenswürdig und die Höflinge sehr höflich." Das war genau die Außenwirkung, auf die August abzielte!

Bereits 1709 hatte August der Starke zu Ehren des dänischen Königs Friedrich IV. und dessen Frau und nach Ende siegreich beendeten Nordischen Krieges ein Fest veranstaltet. Grund: August hatte die 1706 im Nordischen Krieg verlorene polnische Königskrone wiedererlangt und so wurde das Dresdner Fest ein besonders opulentes mit einem hölzernen Amphitheater, langen Galerien und Triumphpforten – errichtet dort, wo sich heute der Zwinger erhebt. Zu den Feierlichkeiten gehörte ein „**Damenfest**" auf dem Zwingergelände, wobei die gefeiertsten Damen, darunter die Gräfin Cosel, in reich geschmückten Prunkwägen erschienen und die sie begleitenden Herren die Farben der Damen tragen musste. Im Fall der Cosel war es die Farbe der Rose. Zu den Festlichkeiten gehörten illuminierte Schiffe, Serenaden und Feuerwerke. Das Amphitheater hatte Pöppelmann insbesondere für den Raubtierzug am „**Tag der Fantome**" errichtet, bei dem nachgebildete Nashörner und Elefanten auf echte Löwen, Tiger und Bären trafen. Die kühnen Reiter der vier Erdteile – noch ohne Australien - sollten sie alle besiegen, darunter auch eine vierköpfige Hydra. Viel Symbolik und die beiden Herrscher in Kostümen mittdendrin: gleichsam Machtdemonstration und Fest als eine große Einheit.

Im Rahmen des Aufenthaltes veranstaltete August im **Großen Garten** in Dresden auch die „**Bauernwirtschaft**“, bei der der Hof in der Verkleidung von Bauern verschiedener Nationen auf- und in Wettspielen gegeneinander antrat, alles unter der Aufsicht der „Wirtsleute“ in Gestalt des Kurprinzen und der Kurfürstin. Die Kulisse lieferte das 1678–83 von Johann Georg Starcke (1630–1695) errichtete barocke Palais. Auch an die Bevölkerung wurde gedacht und der Altmarkt zum Austragungsort eines Turniers. All diese Ereignisse wurden in Kupfer gestochen und so der Nachwelt überliefert. Zur temporären Festarchitektur gehörten auch hier zweigeschossige Aussichtspavillons für die Hofgesellschaft.

Einen Höhepunkt der höfischen Feste stellte die Hochzeit des Sohnes Augusts des Starken und Thronfolgers mit der Kaisertochter Maria Josepha dar. Über vier Wochen erstreckten sich die so genannten Planetenfeste in und um die Stadt. Einen Höhepunkt bildete dabei das **Venusfest** im Großen Garten. Lavierte Federzeichnungen von Carl Heinrich Jakob Fehling (1683–1753) liefern ein detailliertes Bild über das Damenringrennen auf dem Hauptparterre oder die Aufführung des Singspiels und Balletts „Les quatre Saisons" im Gartentheater. Neben der Standeserhöhung Sachsens spielte auch das Kalkül mit, den Kaiserthron erlangen zu können. Für das Venusfest ließ August den Palais-

Palais im Großen Garten

teich ausheben und an dessen Ende den Venustempel errichten. Es war zugleich die letzte Phase der Gartengestaltung. Die Venus war nicht die Kaisertochter, sondern Gräfin Cosel, der zu Ehren August das Venusfest inszeniert hatte: er als Ares, sie als Venus. Beiden standen vor dem Palaisteich, während goldene Barken an beiden vorüberzogen und entkleidete Nymphen der Göttin huldigten. Das Damenringrennen hatte am Mittag das Fest eröffnet. Hier kämpften die vier Jahreszeiten um den Preis der Venus. Einen Höhepunkt bildete die Hoftafel im Festsaal des Palais, die mit Dinglingers

kostbaren Tafelaufsätzen geschmückt war. Ein Fest aller Sinne, der Farben, Formen und Gerüche, der Eindrücke und des Überschwangs. Erhalten blieben die eigens geschaffenen beiden Herkulesstatuen – heute Bestandteil der *Herkulesallee.*

Schloss Hubertusburg, Reichsvikariatswappen

Von der einstigen Pracht des neuen Schlosses von **Hubertusburg** kündet im Inneren nur noch die katholische Schlosskapelle. Das große Reichsvikariatswappen der Fassade erinnert mit dem sächsisch-polnischen Wappen bereits an Augusts Sohn.

Herkulesallee im Großen Garten Dresden, um 1890

Schloss Hubertusburg

Doch entstanden ist die Schlossanlage für August den Starken. Der hatte 1721 im Alten Jagdschloss anlässlich des Hubertusfestes verkündet „zu Wermsdorf einen Bau zur besseren Bequemlichkeit unseres Königlichen Printzen aufführen zu lassen“. Der Kernbau des Schlosses entstand zwischen 1721 und 1733 mitsamt einem Lust- und Ziergarten. Das Schloss diente der alljährlichen Parforcejagd, es gab Stallungen für bis zu 240 Pferde. Höhepunkt war der alljährliche Hubertustag am 3. November. Heute ist das Schloss vor allem durch den *Hubertusburger Frieden von 1763* bekannt, der den Siebenjährigen Krieg beendete und Preußen das vormals österreichische Schlesien sicherte.

Barockgarten Großsedlitz

Das **Stiftungsfest des Polnischen Weißen Adlerordens** feierte der König ausgerechnet in Sachsen, anlässlich seines Namenstages am 3. August 1727. Die Kulisse dafür bot der ***Park von Großsedlitz***, vor den Toren Dresdens. Den Orden hatte August 1705 erneuert, tatsächlich hatte ihn 1325 König Władysław I. Łokietek gestiftet. Als Hausorden von Vater und Sohn sollte er die sächsisch-polnische Union repräsentieren. Doch das Ordensfest geriet in Zeiten leerer Kassen zu einem besseren Preisschießen der Ordensritter im Unteren Orangeriequartier.

Das **Zeithainer Lustlager** von 1730 beschloss in prächtigster Art und Weise die Feste Augusts des Starken. Es fand vom 31. Mai bis 28. Juni 1730 unweit der Städte Großenhain und Riesa statt und war die größte Truppenschau Europas für die 27.000 Mann starke, neu aufgestellte sächsische Armee. Die Militärveranstaltung war sorgsam inszeniert und auf Außenwirkung bedacht. Man sprach vom Spektakel des Jahrhunderts und größten Barockfest

Zeithainer Lustlager – Obelisk

aller Zeiten. 48 Fürsten Europas wohnten den Manövern bei, bei denen der Dresdner Bäckermeister Johann Andreas Zacharias einen rund sieben Meter langen, drei Meter breiten und 30 Zentimeter dicken Riesenstollen präsentierte. Den Ofen hatte Pöppelmann entwickelt. 24.000 Portionen wurden ausgegeben. Es fanden Komödien, Opern und am Ende ein fünfstündiges Feuerwerk statt. Den Standort des Lagers markierten steinerne Obelisken.

Wirtschaft & Infrastruktur

Die Wirtschaftspolitik Augusts des Starken ist eng mit dem Versuch der Etablierung des Absolutismus in Sachsen verbunden. Doch ein absolutistischer Staat wie Frankreich wurde Sachsen zu keiner Zeit, denn die Landstände verloren ihren Einfluss niemals ganz. August verfolgte sehr gezielt das Prinzip einer merkantilistischen Wirtschaftspolitik, d. h. er war bestrebt den Außenhandel und die aufkeimenden Manufakturen zu fördern, um die Finanzkraft seines Staates zu stärken.

In diesem Zusammenhang ordnete er 1694 in einem seiner ersten Mandate eine landesweite statistische Erfassung der Amtsregalien, also der königlichen Hoheits- und Sonderrechte sowie Einkünfte und Nutzungen nach einheitlichem Schema an, die zur Grundlage wirtschaftsfördernder Maßnahmen wurden. In diesem Kontext stand 1698 auch die Gründung einer Staatsbank in Leipzig, der ersten in Deutschland. August begann die Verwaltung zu reformieren und zu reorganisieren. Insbesondere das 1703 entstandene Kommerzienkollegium und die 1704 gegründete Kommerziendeputation dienten dazu, die Wirtschaft zu fördern. Das Generalrevisionskollegium sollte die Missstände

Böttger-Denkmal auf der Brühlschen Terrasse Dresden

im Steuerwesen abstellen und ein pflichtbewusstes Beamtentum hervorbringen, ein Umstand, der ab 1700 einsetzte, jedoch erst ab 1730 energischer betrieben wurde. Die leitenden Staatsbeamten berief August der Starke aus anderen Staaten, da-runter Jacob Heinrich Graf von Flemming, den später engsten Berater und Vertrauten. Er stammte aus Preußen.

J. J. Kretzschmar: August der Starke, Böttgersteinzeug, um 1713

Zu den großen Erfolgen des Monarchen gehörte, dass August 1700 den gregorianischen Kalender einführte und im gleichen Jahr die Dresdner Glashütte, 1703 die Gewehrfabrik in Olbernhau und 1710 die Meißener Porzellanmanufaktur gründete, 1713 den vogtländischen Pfarrer Adam Friedrich Zürner (1679–1742) mit der Kartografie des Landes beauftragte und 1715 eine Landeslotterie initiierte.

Doch der Reihe nach! 1702 führte der Monarch die Stipendienkasse zur Ausbildung von Bergbeamten beim Freiberger Oberbergamt ein und schuf mit der montanwissenschaftlichen Forschung dort die Grundlage zur späteren Bergakademie. Bedeutsam war insbesondere die Berufung des Lausitzer Freiherrn Ehrenfried Walter von Tschirnhaus (1651–1708) nach Dresden unmittelbar nach Augusts

Meißner Porzellan – das „weiße Gold" Sachsens

Regierungsantritt 1694. Tschirnhaus hatte sich als erstes deutsches Mitglied der Französischen Akademie einen Namen gemacht. Ihm verdankte der Kurfürst-König die Ansiedlung der Glashütte in Dresden.

Besonders die Nach-Erfindung des Porzellans durch Johann Friedrich Böttger (1682–1719) und Ehrenfried Walter von Tschirnhaus erwies sich als ein Glücksfall für Sachsen. Dabei sollte Böttger ursprünglich Gold herstellen. Bereits 1707 war ihm in den Kasematten unter der Brühlschen Terrasse in Dresden die Herstellung des so genannten roten Porzellans oder Böttgersteinzeugs gelungen, eine Verbindung von Ton und Silikaten. Der 25. Januar 1708 gilt als Geburtstag des europäischen Porzellans. 1710 wurde die Meißner Porzellanmanufaktur als erste und älteste in Europa auf der Albrechtsburg gegründet. Hier wurde der Landesherr selbst zum akribischen Unternehmer.

Neben Meißen entstanden bis 1733 weitere 25 Manufakturen, vorwiegend in der Metallverarbeitung und dem Textilgewerbe, deren Standorte sich auf die späteren industriellen Zentren Dresden, Leipzig und Chemnitz konzentrierten.

Infolge der Berufung des Kameralisten Paul Jacob Marpergers (1656–1730) 1712 nach Dresden entstand ein Plan der sämtlichen sächsischen Manufakturen, der aufzeigen sollte, welche Gewerke

Kursächsische Postmeilensäulen, Kupferstich, 1747

noch zu besetzen wären. Sein Interesse galt neben Dresden auch Leipzig, das er zu einem bedeutenden Handelsplatz machen wollte. Tatsächlich wurden unter August dem Starken für Leipzig neue Handelsbeziehungen nach Osteuropa erschlossen.

Ein besonderer Glücksfall für die neue sächsische Topographie bildete Adam Friedrich Zürner. Der hatte 1711 als Pfarrer der Gemeinde von Skassa das Amt Großenhain vermessen und die Karte seinem Landesherrn gewidmet. In der Folge sollte Zürner eine zweite Karte für das Amt Dresden erstellen. Diese Vorarbeiten mündeten 1713 in der fürstlichen

Kursächsische Postmeilensäule in Großenhain

Beauftragung einer kompletten sächsischen Landesvermessung, die Mathias Oeder 1586 unter Kurfürst Christian I. begonnen hatte. Diese zweite kursächsische Landesaufnahme wurde 1718 mit der Neuen Chursächsischen Post-Charte – einem Werk aus 16 Blättern – vollendet. Dieser Karte Zürners folgte ab 1721 die Aufstellung zahlreicher Postmeilendistanzsäulen in Sachsen. Rund 140 von ehemals 1.000 Säulen blieben in Sachsen erhalten. Das Pferd bestimmte das Maß, denn die Postkutsche war das Herz des Verkehrswesens. Zürners sächsische Karten wurden erst 1752 als „Atlas Saxonicus Novus" veröffentlicht. Zürner selbst hat die Grundlage in Gestalt seines „Atlas Augusteus der Chursächsischen Lande" (auch:

Pöppelmannbrücke Grimma, Detail

Atlas Augusteus Saxonicus) mit 40 General- und 40 Spezialkarten hinterlassen. Das Unikat befindet sich heute im Sächsischen Staatsarchiv Dresden.

Zu den von Zürner aufgenommenen Straßen gehörte auch die berühmte Hohe Straße von Frankfurt am Main, durch Sachsen und Schlesien nach Polen. Auf der alten Handelsstraße verkehrte auch die Eilpost Dresden–Leipzig.

Da es der Stadt Grimma finanziell nicht möglich war, die 1637 von den Schweden zerstörte Muldenbrücke neu zu errichten, griff der Landesherr ein und beauftragte M. D. Pöppelmann mit dem 1716–1719 entstandenen steinernen Neubau über die Mulde. Natürlich ließ sich der Landesherr gebührend würdigen und seine Tat in einem Inschriftstein verewigen.

Barockarchitektur und Sammelleidenschaft

August der Starke hatte insbesondere nach seiner Krönung zum polnischen König eines der umfangreichsten Schlossbauprogramme in Deutschland begonnen. Die Zurschaustellung der Macht sollte sich in einem Gesamtkunstwerk der Architektur widerspiegeln, die sich durch Malerei und Plastik, durch Gartenkunst und Kunsthandwerk manifestieren sollte. Ähnlich dem großen Vorbild Versailles, das August auf seiner Grand Tour erlebt hatte, plante er die Umgestaltung seiner Residenz. Dazu schuf er Regularien wie die Flemmingschen Baupunkte, die den barocken Umbau der Stadt forcierten. Dieser Bauordnung von 1708 mit 13 detaillierten „Punkten" folgte 1720 eine weitere in der u. a. Steinbauweise, Stockwerkshöhe und eine einheitlichere Fassadenfarbe vorgeschrieben wude. Manches gotische Haus oder solches aus der Renaissance verschwand ohne Wiederkehr aus dem Stadtbild.

Reiterstandbild Augusts des Starken: „Der Goldene Reiter"

Die neue Königstadt – Dresdner-Neustadt

Mustergültig war Augusts Plan der neuen Königstadt (heute Dresden-Neustadt). Nicht zufällig findet man am Eingang zur neuen Königstadt – heute schlicht am Eingang der inneren Neustadt die wohl bekannteste Plastik Augusts des Starken: der „**Goldene Reiter**".
Die Fertigstellung des Denkmals hat der Monarch nicht mehr erlebt. Das Modell von Jean Josephe Vinache trieb Ludwig Wiedemann 1732/33 in Kupfer. Erst 1735 erfolgte die Feuervergoldung und 1884 die Vollendung des Sockels. Spannender ist die Genese, denn ursprünglich plante Pöppelmann mit dem Denkmal ein von ihm entworfenes Prachtportal des Dresdner Schlosses zu krönen. Stattdessen wurde das Denkmal 1735 auf dem Neustädter Markt ganz ohne Zeremonie enthüllt. Wie Silvestre mit seinen zahlreichen Gemäldekopien sorgte der Modelleur Johann Joachim Kändler (1706–1775) ab 1747 mit zahlreichen Modellen aus Meißner Porzellan für Verbreitung, Bekanntheit und Popularität des Monarchen, dessen Blick sich, sorgsam inszeniert, in Richtung Polen, richtet.

Schloss mit Hausmannsturm und Neuer Wache

Bereits 1722/23 war die mit Linden bepflanzte Neue Königstraße (heute Hauptstraße) zwischen dem Neustädter Markt und Schwarzem Tor, dem heutigen Albertplatz entstanden. Am Goldenen Reiter misst sie 52 Meter, in Höhe der Dreikönigskirche nur noch 38 Meter. So erscheint sie größer, als sie tatsächlich ist – ein geschickter Kunstgriff des Barock!

Zwinger, Augustusbrücke und Residenzschloss

„Man kann nicht leicht etwas Schöneres und Prächtigeres sehen als den neuen **Zwinger** – oder Schlossgarten“, bemerkte der seit 1716 in Dresden lebende preußische Diplomat Johann Michael von Loen 1723 über den Zwinger. Der Großonkel Goethes war voll der Bewunderung für die Baukunst des Architekten Matthäus Daniel Pöp-

Nymphenbad im Zwinger

pelmann (1662–1736) und des Bildhauers Balthasar Permoser (1651–1732). Der 1709 begonnene Zwinger blieb ein Torso. Gleichwohl zählte ihn der Dresdner Chronist Iccander alias Johann Christian Crell 1726 bereits zu den sieben Weltwundern, darunter „den seinesgleichen in Europa nicht habenden Zwingergarten". Den Höhepunkt des Zwingers bildet der Wallpavillon als Verknüpfung von Festsaal und barocker Treppenarchitektur. Die Architektur strebt nach oben. Götter und Heroen schmücken die Fassaden und symbolisieren den Geltungsanspruch des Bauherrn, der als „Hercules-Saxonicus" über Allen thront. Der Zwinger umfasst einen 117 mal 106 Meter großen Raum, der als Festspielplatz und Orangerie diente. Er zählt heute zu einer der glücklichsten Schöpfungen des deutschen Barock.

In unmittelbarer Nähe erweiterten Pöppelmann und I. G. Fehre (1685–1753) die ***Augustusbrücke***. Die Brücke am ältesten festen Elbübergang bestimmte von 1731 bis Anfang des 20. Jahrhunderts das Stadtbild entscheidend mit und wurde unter Friedrich August II. 1748 von Bernardo Bellotto gen. Canaletto (1721/22–1780) in der bekannten, barocken Stadtansicht festgehalten. Sie gehört neben den Zwinger zu den Hauptwerken Pöppelmanns, erstreckte sich auf eine Länge von 402 Metern über 18 Pfeiler und 17 Bögen über die Elbe. Zwar entstand am Neustädter Brückenkopf das **Blockhaus**, doch trug es nie die von August angestrebte Pyramide auf dem Dach. Auch die Ausführung des baugleichen Pendants auf der anderen Straßenseite unterblieb. Das einstige Wachgebäude geht im Wesentlichen auf Zacharias Longuelunes (1669–1748) Pläne zurück.

Auch der umfangreiche Schlossbaukomplex an der Elbe blieb unausgeführt, wenngleich August aufgrund seines politischen Aufstiegs zum polnischen König und nicht zuletzt dank der ökonomischen Stärke Kursachsens mit den Schlössern Moritzburg, Pillnitz und Großsedlitz Orte schuf, die der Repräsentation und Zurschaustellung politischer Macht dienten.

1701 hatte ein verheerender Schlossbrand weite Teile des **Residenzschlosses** mit Georgenbau,

Englischer Treppe und Ostflügel vernichtet. Damals entstanden die Pläne für eine neue barocke Residenz, von denen der Zwinger ausgeführt wurde. 16 Jahre nach dem Brand begann der Wiederaufbau des zerstörten Schlosses. Grund: die Hochzeitsfeierlichkeiten des Kronprinzen Friedrich August mit Kaisertochter Maria Josepha 1719. Den Standort des Schlosses behielt August bei, ließ im zweiten Obergeschoss moderne Repräsen-

Residenzschloss Dresden

tationsräume schaffen, darunter den Audienzsaal als Herzstück der Landesherrschaft, ein Paradeschlafzimmer, das Turmzimmer sowie Paradesäle im Westflügel. Ausgemalt wurden die Repräsentationsräume wie auch Teile des Zwingers (Marmorsaal) von Louis de Silvestre. Er, Longuelune und Jean de Bodt (1670–1745) gehörten zu den wesentlichen Kräften des französischen Einflusses auf die Kunst am Dresdner Hof.

Höfische Sammelleidenschaft

Im Erdgeschoss des Westflügels ließ er durch die Schlossarchitekten August Christoph Graf von Wackerbarth, Pöppelmann und Raymond Leplath (um 1664–1742) auch das **Grüne Gewölbe** einrichten. Das Gesamtkunstwerk der höfischen Schatzkammer war von Beginn an für die Öffentlichkeit konzipiert und zugänglich. Die acht Räume entstanden 1723/24 bis 1729 und boten dem Auge über 3.000 Kostbarkeiten aus Edelstein, Elfenbein, Gold oder Silber, darunter die Arbeiten des Goldschmieds Johann Melchior Dinglinger (1664–1731). Marmorne Böden, Spiegelverglasungen, Stuckaturen und Ma-

Japanisches Palais Dresden

lereien steigerten sich von Raum zu Raum mit den Höhepunkten in Pretiosensaal und Juwelenzimmer.

Für seine umfangreiche Porzellansammlung erwarb August 1717 das Holländische Palais des Grafen Flemming und ließ es als **Japanisches Palais** zu einer Vierflügelanlage umbauen. Die geschweiften Dächer der Eckpavillons sollten ebenso wie die Chinesen-Hermen des Innenhofs an asiatische Vorbilder erinnern.
Zu den Besonderheiten der Ausstattung gehörte das ***Federzimmer***. Das Besondere: das Parade-

bett Augusts mit Baldachin und Vorhängen sowie die Wandverkleidungen bestehen aus Tausenden farbiger Vogelfedern, die sorgsam arrangiert wurden, zusammen sind es über eine Million Federn. August der Starke hatte das Federzimmer 1723 in London erstanden und im Japanischen Palais aufgestellt, wo er neben Porzellan allerlei Kuriositäten zusammengetragen hatte. Das Federzimmer diente ausschließlich Paradezwecken. 1830 wurde das Federzimmer nach Schloss Moritzburg verlegt.
Einen kleinen Teil der einstmals prachtvollen Innenausstattung des Japanischen Palais ließ August um 1728 im ***Turmzimmer*** des Residenzschlosses einbauen. Hölzerne Pilaster, Spiegel und Konsolen nach Entwürfen von Longuelune gliederten die Wände und nahmen rund 450 edle Porzellane aus China, Japan und Meißen auf. Einen Teil der

Schloss Moritzburg 1733

Deckelvasen gelangte übrigens im Tausch gegen „lange Kerls“ für den Soldatenkönig nach Dresden! Insgesamt waren es 151 Vasen für 600 „lange Kerls“ – die Leibgarde des preußischen Soldatenkönigs Friedrich Wilhelms I.

Schloss Pillnitz, Elbansicht

Kursächsische Schlösser um Dresden

Die drei Schlösser um die Residenz Dresden hatten unterschiedliche Aufgaben. So diente Pillnitz dem höfischen Spiel und Vergnügen, Moritzburg der Jagd, und Großsedlitz als Ordensschloss für die Stiftungsfeste des polnischen Weißen Adlerordens. Alle Schlösser um Dresden waren Teil einer von August geplanten Residenzlandschaft.

Schloss Pillnitz erwarb August 1718 und ließ zunächst von Pöppelmann und Longuelune das Wasserpalais als „orientalisches Lustgebäude" entlang der Elbe errichten. Um 1720 hatte Graf Wackerbarth als Generalintendant des Bauwesens in Sachsen von August dem Starken die Gesamtplanung für Pillnitz erhalten. August plante ein gewaltiges Schloss mit Gärten, Menagerien (Tierparks) und einer Orangerie sowie Gartenanlagen, die die gesamte Tiefe zwischen der Elbe und den Elbhängen eingenommen hätten. Das Ganze ist im so genannten „Große Plan" dokumentiert. Doch die gewaltigen Baukosten standen in keinem Verhältnis. 1722 folgte eine abgespeckte Version. 1722/23 entstand parallel zum Wasserpalais das nahezu identische Gegenstück des Bergpalais. Dazwischen wurde eine Parkanlage geschaffen. Getreu der damals herrschenden Chinamode schufen die Baumeister Pöppelmann und Knöffel exotische Lustgebäude, die an Ostasien erinnern sollten, freilich in europäischer Architektur! 1721 war das Wasserpalais bereits anlässlich des Ordensfestes des Polnischen Weißen Adlerordens eingeweiht worden. An der gewaltigen Freitreppe zur Elbe hin konnten aus Dresden kommende Prunkgondeln anlegen.

Schloss Moritzburg mit Schlossteich

Wiederum war es Pöppelmann, der 1722–1733 **Schloss Moritzburg** zu der bis heute bekannten geschlossenen Vierflügelanlage ausbaute. Das Besondere im Inneren ist sicher der „Monströsensaal" mit einer Sammlung imposanter Jagdtrophäen, darunter der berühmte Sechsundsechzigender, den August 1696 vom Kurfürsten von Brandenburg zum Geschenk erhielt. Das Schloss barg zu

Augusts Zeiten 22 Wohnquartiere mit über 100 Räumen, dazu vier Säle, die als Empfangs- und Speisesaal bzw. Fest- und Spielsaal dienten. Besonders kostbar war die Ausstattung mit Ledertapeten. Von ehedem 60 Räumen blieben 13 Räume mit den kostbaren Wandverkleidungen erhalten. Die Besonderheit: Alle Tapeten sind mit Blattsilber belegt, mit Goldlack verziert und aufwändig bemalt. Anders als Moritzburg und Pillnitz gelangte **Großsedlitz** 1723 über einen Geheimvertrag und für die gewaltige Summe von 100.000 Reichstalern in den Besitz Augusts des Starken. Der Verkäufer August Christoph Graf von Wackerbarth trat sogar nach außen weiter als Eigentümer auf, nun in königlich-kurfürstlichem Auftrag. Man vermutet, dass August die sächsischen Stände infolge der angespannten finanziellen Situation des Landes nicht verärgern wollte. Außerdem könnten die seinerzeit unsicheren Verhältnisse in Polen dafür maßgeblich gewesen sein. Großsedlitz blieb unvollendet, die Pläne zur Parkerweiterung und dem Bau eines gewaltigen Schlosses gab August 1727 bereits auf.

Festung Königstein – Luftbild 2008

Die Landesfestung Königstein

Auch der Plan Augusts für ein Barockschloss auf dem Plateau des der **Festung Königstein** unterblieb. Allerdings ließ er im gigantischen Keller der Magdalenenburg zwischen 1722 und 1725 ein reich verziertes Riesenfass errichten. Die Pläne lieferte auch hier Pöppelmann. Das Fass aus Eichenholz hatte ein Fassungsvermögen von 250.000 Liter.

Damit war das Königsteiner Fass um 37.000 Liter größer als das heute berühmte des Heidelberger Schlosses, verschwand jedoch 1819. Die Kurfürsten von der Pfalz und von Sachsen lieferten sich einen Wettstreit um das jeweils größere Fass. Das Königsteiner krönte in elf Metern Höhe ein Tanzpodium, auf dem 30 Paare tanzen konnten. Die Kosten beliefen sich auf über 8.000 Taler. Zum Vergleich: eine Magd hatte einen Jahreslohn von fünf Talern!

Königsschloss Warschau

Brunnen im Sächsischen Garten Warschau

Sächsische Spuren in Polen

Unverkennbar sächsische Spuren zeigt die Weichselfront des **Warschauer Königsschloss**es. Der langgezogene Barockbau entstand jedoch erst unter August III. 1741–1746 nach Plänen Gaetoni Chiaveris, dem Schöpfer der Dresdner Hofkirche. August II. hatte mit großen Veränderungen begonnen, u.a. bis 1704 den Abgeordnetensaal verlegt und einen separaten Thronsaal eingerichtet.

Sein Hauptaugenmerk galt dem **Sächsischen Palais** als Hauptresidenz. Das Palais ist das Herz der um 1700 entstandenen Sächsischen Achse zwischen Krakauer Vorstadt und den Kasernen der königlichen Garde. Den Um- und Ausbau des barocken Morsztyn-Palais leiteten ab 1726 Carl Friedrich Pöppelmann (um 1697–1750) und Joachim Daniel Jauch (1688–1754). Beide halfen dabei den Stil des Dresdner Barock auch in Warschau einzuführen. Mit dem Sächsischen Palais entstand 1713–1733 auch der **Sächsische Garten**. 1727 wurde er als erster in Polen für die Bevölkerung geöffnet.

Zu den Lieblingsobjekten Augusts gehörte der **Wilanów-Palast**, das polnische Versailles. Es war 1677–1679 vor den Toren Warschaus im Auftrag König Jan III. Sobieskis entstanden. August erlangte es 1730 im Tausch für das Blaue Palais in Warschau zur lebenslangen Nutzung. Die umfangreichen Um- und Ausbaupläne wurden nicht realisiert, da sie von Söhnen Jan Sobieskis abgelehnt wurden. Einzig der Große Speisesaal gelangte bis 1732 zur Ausführung.

Wawel-Kathedrale Krakau: Sarg Augusts des Starken

Das Ende

August der Starke wurde 62 Jahre alt. Er starb am 1. Februar 1733 in Warschau. Seine sterblichen Überreste wurden in der Königskrypta der Wawelkathedrale zu Krakau, seine Eingeweide in der Warschauer Kapuzinerkirche beigesetzt.
Sein Herz aber kehrte nach Dresden zurück und ruht seit 1755 in der Stiftergruft der Katho-

lischen Hofkirche. Ihm folgte sein einziger legitimer Sohn Kurfürst Friedrich August II. als sächsischer Herrscher und als August III. auch als König von Polen und Litauen. Mit ihm endet 1763 das glanzvolle „Augusteische Zeitalter“.

Die DEFA hat beiden Herrschern zwischen 1983/84 und 1987 mit der so genannten „Sachsentrilogie“ ein filmisches Denkmal gesetzt. Die aufwändig produzierte 6-teilige Serie „Sachsens Glanz und Preußens Gloria“ setzte dabei den literarischen Stoff des Polen Józef Ignacy Kraszewski (1812–1887) gekonnt um und brachte das Haus Wettin zwischen 1697 und 1763 einer breiten Öffentlichkeit nahe.

Blick auf die Wawel-Kathedrale Krakau

Zeittafel

- **1666** heiraten Johann Georg III. und Anna Sophie von Dänemark, die Eltern Augusts des Starken
- **1668 am 18.10.** wird Johann Georg (IV.), Augusts älterer Bruder, geboren
- **1670 am 12.05.** wird Friedrich August (I. der Starke) in Dresden geboren
- **1671** wird Christiane Eberhardine von Brandenburg-Bayreuth geboren, Augusts Ehefrau
- **1685** Großbrand in Dresden
- **1687–1689** Grand Tour (Kavalierstour) Augusts nach Frankreich, Spanien, Portugal, Italien und Österreich
- **1689–1697** Pfälzischer Erbfolgekrieg
- **1691 am 12.09.** stirbt Johann Georg III. Johann Georg IV. wird Kurfürst von Sachsen
- **1693 am 20.01.** heiraten Friedrich August und Christiane Eberhardine von Brandenburg-Bayreuth
- **1694 am 27.04.** stirbt Johann Georg IV. an den Pocken. Sein Bruder Friedrich August wird Kurfürst von Sachsen
- **1695/96** ist Friedrich August I. Oberbefehlshaber des Reichsheeres im Türkenkrieg
- **1696 am 17.10.** wird Kurprinz Friedrich August (II.) geboren; am 28.10. Geburt Moritz' von Sachsens
- **1697 am 02.06.** August der Starke tritt zum katholischen Glauben über; Kurfürst Friedrich August I. wird zum polnischen

König gewählt (27.06.); Kurfürst Friedrich August I. wird als August II. in Krakau zum polnischen König gekrönt (15.09.)

- **1698 am 15.01.** zieht Kurfürst Friedrich August I. als König August II. in Warschau ein; am 10.08. treffen sich Zar Peter I. von Russland und König August II. von Polen in Rawa
- **1699** verbünden sich Russland, Dänemark und Sachsen gegen Schweden
- **1700** im Februar marschiert die sächsische Armee in Livland ein; Beginn des Nordischen Krieges
- **1701 am 19.07.** Niederlage der sächsischen Armee in der Schlacht an der Düna
- **1702 am 14.05.** nimmt die schwedische Armee Warschau ein
- **1703** wird die Generalkonsumtionsakzise in Sachsen eingeführt
- **1704 am 09.07.** erleiden die Sachsen eine schwere Niederlage gegen die Schweden; am 12.07. wird Stanislaus Leszczynski zum Gegenkönig gewählt
- **1705 am 04.10.** Krönung von Stanislaus Leszczynski
- **1706** Vernichtende Niederlage der sächsischen Armee bei Fraustadt (03.02.); Einmarsch der Schweden in Sachsen (27.08.); Frieden von Altranstädt (24.09.); Sieg der Russen und Sachsen bei Kalisch (29.10.)
- **1707–1709** errichtet M.D. Pöppelmann den Mittelteil des Taschenbergpalais für Gräfin Cosel
- **1709 im Juni** besucht der Dänenkönig Friedrich IV. Dresden. Große Festlichkeiten über mehrere Wochen. Gräfin Cosel spielt eine herausragende Rolle

- **1709** wird das europäische Porzellan von J.F. Böttger erfunden
- **1710 am 16.04.** wird August II. wieder in seine Rechte als polnischer König eingesetzt
- **1711** wird August der Starke nach dem Tod Kaiser Josephs I. Reichsvikar; Beginn der Bauarbeiten am Zwinger; Beginn der geografischen Landesaufnahme Sachsens durch A. F. Zürner
- **1712** fällt Gräfin Cosel in Ungnade und wird in der Burg Stolpen inhaftiert
- **1717** wird das Holländische Palais durch M.D. Pöppelmann umgebaut; am 01.07. stirbt Königinmutter Anna Sophie
- **1719 im September** heiraten Kurprinz Friedrich August II. und Erzherzogin Maria Josepha von Österreich
- **1721 am 10.09.** Friede von Nystädt; Ende des Nordischen Krieges
- **1721–1728** Bau des Neuen Schlosses Hubertusburg für den Kurprinzen Friedrich August (II.)
- **1727 am 05.09.** stirbt Christiane Eberhardine, Ehefrau Augusts des Starken
- **1728** Staatsbesuch König Friedrich Wilhelms I. von Preußen in Dresden
- **1730** Zeithainer Lustlager (Juni)
- **1733 am 01.02.** stirbt August der Starke in Warschau
- **1734 am 15.01.** wird August der Starke in Krakau beigesetzt

Literaturauswahl:

- Alwyn, Richard: Das große Welttheater. Die Epoche der höfischen Feste, 2. erw. Aufl., München 1989.
- Czok, Karl: August der Starke und seine Zeit, 4. Aufl., München 2010.
- Doubek, Katja: August der Starke, 3. Aufl., Reinbek 2017.
- Groß, Reiner: Geschichte Sachsen, 4. erw. u. aktual. Aufl., Leipzig 2007.
- Hansmann, Wilfried: Im Glanz des Barock. Ein Begleiter zu Bauwerken Augusts des Starken und Friedrichs des Großen, Köln 1992.
- Magirius, Heinrich: Die Frauenkirche Dresden, 4. Aufl., Regensburg 2006.
- Memoiren der Markgräfin Wilhelmine von Bayreuth, 2 Bde., Berlin 1927.
- Menzhausen, Joachim: Kulturgeschichte Sachsens, Leipzig 2007.
- Nostitz, Helene von: Festliches Dresden. Die Stadt Augusts des Starken, 2. Aufl., Frankfurt/M. 1962.
- Pöllnitz, Karl Ludwig Baron von: Der verschwenderische Liebhaber oder Das galante Sachsen, neue Übertragung von Wolfgang Paul, Frankfurt/M. 1964.
- Watzdorf, Erna von; Haenel Erich: August der Starke. Kunst und Kultur des Barock, Dresden o.J.

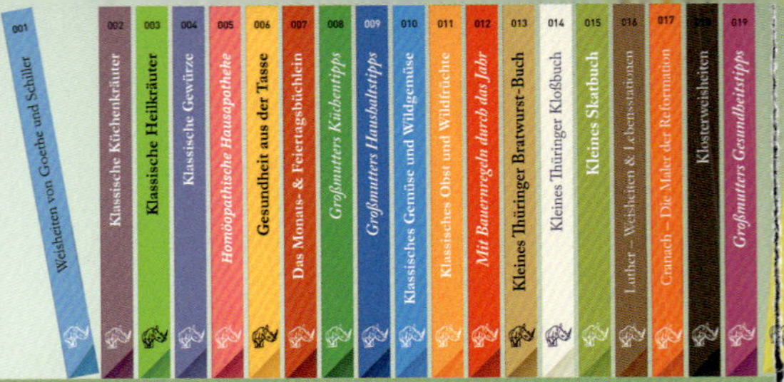

- 001 Weisheiten von Goethe und Schiller
- 002 Klassische Küchenkräuter
- 003 Klassische Heilkräuter
- 004 Klassische Gewürze
- 005 Homöopathische Hausapotheke
- 006 Gesundheit aus der Tasse
- 007 Das Monats- & Feiertagsbüchlein
- 008 Großmutters Küchentipps
- 009 Großmutters Haushaltstipps
- 010 Klassisches Gemüse und Wildgemüse
- 011 Klassisches Obst und Wildfrüchte
- 012 Mit Bauernregeln durch das Jahr
- 013 Kleines Thüringer Bratwurst-Buch
- 014 Kleines Thüringer Kloßbuch
- 015 Kleines Skatbuch
- 016 Luther – Weisheiten & Lebensstationen
- 017 Cranach – Die Maler der Reformation
- 018 Klosterweisheiten
- 019 Großmutters Gesundheitstipps
- 039 Großvaters Handwerkstipps
- 040 Weisheiten für den Gartenfreund
- 041 Kleines Ringelnatz-Buch
- 042 Das kleine Waldbeerenbuch
- 043 Das kleine Hochzeitsbuch
- 044 T. Müntzer – Stationen seines Lebens und Wirkens
- 045 Kleine Geschichte der Stadt Erfurt
- 046 Kleine Geschichte der Stadt Gotha
- 047 Auf den Spruch geklopft
- 048 Der Harz von A bis Z
- 049 Das kleine Strandbuch
- 050 Ilmenau von A bis Z
- 051 Futtern *wie bei* Luthern
- 052 bauhaus
- 053 Bibelsprüche
- 054 Das kleine Buch der Wettiner
- 055 Die Thüringer Landgrafen
- 056 Kleine Geschichte Thüringens
- 057 Der Rasende Roland

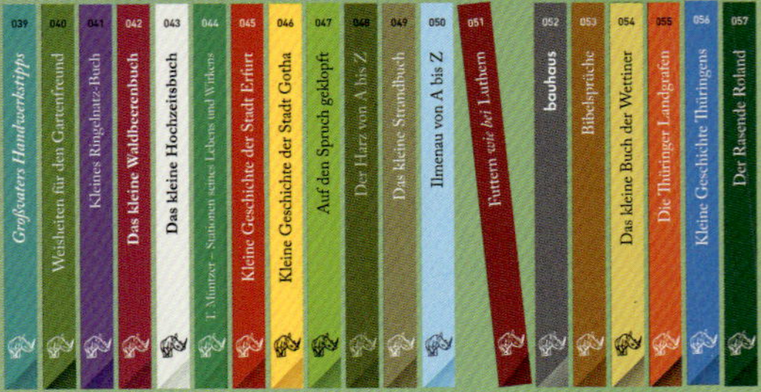

Komplettes Programm
im Internet: shop.vggh.de

Neuerscheinungen in

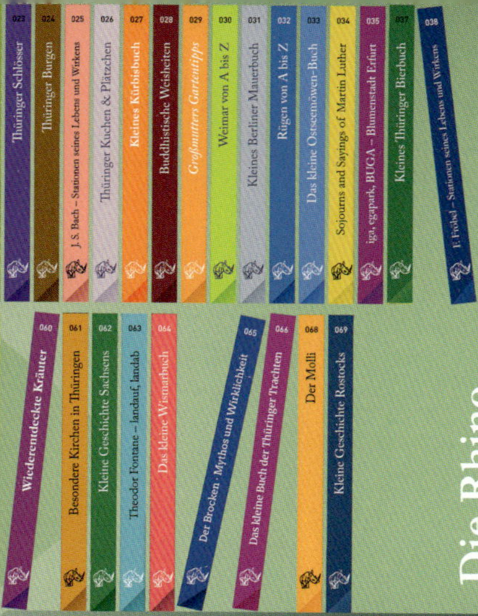

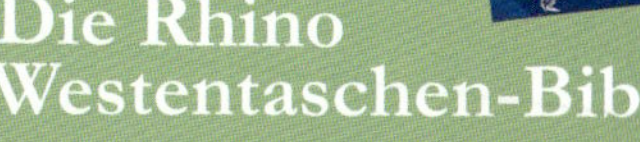

023 Thüringer Schlösser
024 Thüringer Burgen
025 J. S. Bach – Stationen seines Lebens und Wirkens
026 Thüringer Kuchen & Plätzchen
027 Kleines Kürbisbuch
028 Buddhistische Weisheiten
029 Großmutters Gartentipps
030 Weimar von A bis Z
031 Kleines Berliner Mauerbuch
032 Rügen von A bis Z
033 Das kleine Ostseemöwen-Buch
034 Sojourns and Sayings of Martin Luther
035 iga, egapark, BUGA – Blumenstadt Erfurt
037 Kleines Thüringer Bierbuch
038 F. Fröbel – Stationen seines Lebens und Wirkens
060 Wiederentdeckte Kräuter
061 Besondere Kirchen in Thüringen
062 Kleine Geschichte Sachsens
063 Theodor Fontane – landauf, landab
064 Das kleine Wismarbuch
065 Der Brocken · Mythos und Wirklichkeit
066 Das kleine Buch der Thüringer Trachten
068 Der Molli
069 Kleine Geschichte Rostocks

Die Rhino Westentaschen-Bibliothek

Heinz Stade
DIE
rämer
BRÜCKE
RHINOVERLAG
Ulf Annel
KÜSTEN-
WIND
KÜSST
WÜSTEN-
KIND
Maritime
Schüttelreime
RHINOVERLAG
Hartmut Ellrich
August
der Starke
RHINOVERLAG
Kleines
Thüringer
WEIN
BUCH
RHINOVERLAG

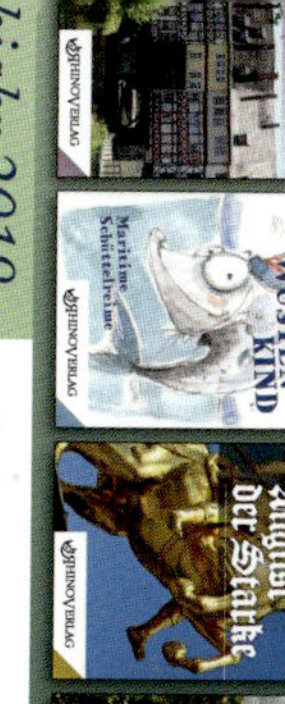

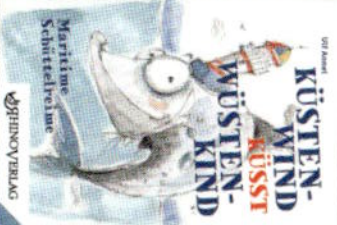

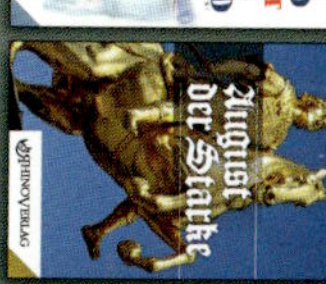

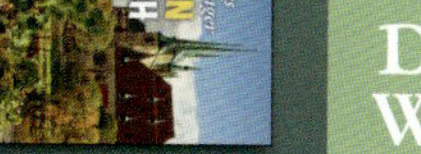

hjahr 2019

RHINOVERLAG

Steffen Raßloff
Kleine GESCHICHTE der Stadt
DRESDEN
Steffen Raßloff
Kleine GESCHICHTE
SACHSENS
RHINOVERLAG
Hartmut Ellrich
Das kleine Buch der
Wettiner
RHINOVERLAG